英語の授業にも！レクリエーションにも！

みんな英語が大好きになる
楽しい！英語でアクティビティ
☆中・高学年編☆

安江こずゑ・著　　オーモリシンジ・絵

WAVE出版

はじめに　（大人の方・指導者の方へ）

　世界の人口約 74 億人以上のうち、英語を話す人口は約 20 億人といわれています。けれど、英語を母国語とする人口はそのうちの約 4 億人。つまり、世界では英語を母国語としない非ネイティブ（Non-Native）同士の英語コミュニケーションが圧倒的に多いのです。

　今後さらにその数は増えていくと予想されています。日本でもグローバル時代に追いつこうと、英語学習年齢が低くなっています。私が小学生を対象に英語を指導するようになってから 30 年以上になります。家庭教師、民間の塾、小学校、放課後子ども教室など、1 人〜 40 人まで、さまざまな場所、さまざまな形態で指導をしてきましたが、その中で感じたことは、小学生段階の英語学習は学問ではないということです。何をどれだけ覚えたかではなく、どれだけ楽しんでコミュニケーションがとれたか、またどれだけ積極的に英語を使おうとしたかが大切なのです。

　もともと言語はコミュニケーション・ツールですその能力をはかって成績をつけるということは、「わからない、できない、つまらない、苦手」という意識を生み出し、ひいては英語嫌い・英語を使ったコミュニケーション嫌いをつくってしまうことになりかねません。

　私が指導してきた小学校の英語の時間には、特別学級の子どもたちも参加していました。そうして、学力に関係なく、一緒にゲームを楽しみました。みんなでコミュニケーションをとりながら「友だちと

一緒に楽しく活動に参加する」ことが英語活動の良いところなのです。小学生段階では、「英語って楽しい。もっとやりたい。外国の人と話してみたい。」という感想をもってもらうことが一番で、英語嫌いをつくらないことが重要ではないかと思っています。そのため、この本では、個々の能力を問うアクティビティは原則として入れていません。ご紹介するのは、指導する先生と子どもたちが一緒に楽しめるアクティビティです。また、忙しい先生のために、アクティビティをおこなうために用意する教材や教具が極力少なくてすむものを選びました。

活動を楽しくするためには、指導者のパフォーマンス力がものを言います。ジェスチャーや声のトーンなど、多少大げさに表現してみてください。日本語だと恥ずかしくて言えないことも英語でなら言える——そんなふうに子どもたちが堂々と自らを表現する場面を、何度も見てきました。英語でのコミュニケーションには、そんな魔法の力があるようです。

さあ、たくさんの笑顔と笑い声が聞こえるような活動になりますように。

Let's enjoy English !!

Kozue Yasue
児童英語実践家
小学校英語指導者育成トレーナー

もくじ-1

はじめに（大人の方・指導者の方へ） ……………………………………………… 2

この本の使い方 ……………………………………………………………………… 8

① カラー・バスケット　Color Basket ………………………………………… 10
　　　　　人数／10人〜　場所／体育館・屋外
　　　　　アクティビティができるタイミング／色の名まえが英語で言える

② 大きい？小さい？でビンゴ！　Higher？Lower？ ………………………… 12
　　　　　人数／6人〜　場所／教室
　　　　　アクティビティができるタイミング／最低でも21までの数が英語で言える

③ ノックアウトじゃんけん　Knock Out Janken ……………………………… 14
　　　　　人数／10人〜　場所／教室・屋外
　　　　　アクティビティができるタイミング／いろいろなスポーツの名まえが英語で言える

④ フィンガー・リレー　Finger Relay …………………………………………… 16
　　　　　人数／10人〜　場所／教室・バス車内
　　　　　アクティビティができるタイミング／指の名まえをリズムにのって言える

⑤ 相棒をさがそう！　Find Your Partner！ …………………………………… 18
　　　　　人数／10人〜　場所／教室
　　　　　アクティビティができるタイミング／"Are you〜?"を使ってやりとりができる

⑥ 気持ちを教えて　Happy, Sad, Angry？ ……………………………………… 20
　　　　　人数／10人〜　場所／教室
　　　　　アクティビティができるタイミング／"How are you?"を使ってやりとりができる

⑦ 顔をたくさん集めよう　　Collect Faces ……… 22
　　　　人数／10人〜　　場所／教室
　　　　アクティビティができるタイミング／How are you? を使ってやりとりができる

⑧ お天気ゲーム　　Weather Game ……… 24
　　　　人数／10人〜　　場所／教室
　　　　アクティビティができるタイミング／お天気をあらわす英単語がわかる

⑨ はないちもんめ　　We Want Pink! ……… 26
　　　　人数／10人〜　　場所／教室・屋外
　　　　アクティビティができるタイミング／We want 〜が言える。色をあらわす英単語がわかる

⑩ ジェスチャーを読もう　　Read Body Language ……… 28
　　　　人数／6人〜　　場所／教室
　　　　アクティビティができるタイミング／I have a 〜の文がつくれる

⑪ とりかえっこしよう　　Change the Card ……… 30
　　　　人数／10人　　場所／教室
　　　　アクティビティができるタイミング／I have 〜、I want 〜の文章が言える

⑫ YESを5人みつけよう　　Find 5 "Yes" Friends ……… 32
　　　　人数／6人〜　　場所／教室・屋外
　　　　アクティビティができるタイミング／"Do you like 〜" を使ってやりとりができる。ものの名まえの単語をある程度知っている

⑬ 好きなものを教えて　　What Do You Like? ……… 34
　　　　人数／2人〜　　場所／教室・バス車内
　　　　アクティビティができるタイミング／英語の短い文章のやりとりができる

もくじー２

⑭ アルファベットでエクササイズ　Alphabet Exercise — 36
　　人数／10人〜　　場所／教室
　　アクティビティができるタイミング／アルファベットを知っていれば、小文字が読めなくてもOK

⑮ わたしはだれでしょう？　Who Am I ? — 38
　　人数／8人〜　　場所／教室
　　アクティビティができるタイミング／I'm〜が言える。カードの単語が読める

⑯ できることじゃんけん　Yes, We Can ! — 40
　　人数／6人〜　　場所／教室・屋外
　　アクティビティができるタイミング／I can〜と動きをあらわすことばを組みあわせて文章が言える

⑰ できることリレー　"I can" Relay — 42
　　人数／6人〜　　場所／教室・バス車内
　　アクティビティができるタイミング／I can〜を使った文章が言える

⑱ 21になったら、退場　21 Is Out ! — 44
　　人数／6人〜　　場所／教室・バス車内
　　アクティビティができるタイミング／21まで英語で言える

⑲ どっちがいい？　Which One Do You Want? — 46
　　人数／2人〜　　場所／教室・バス車内
　　アクティビティができるタイミング／Which one do you want ? と I want this one. が言える

⑳ アルファベット神経衰弱　Alphabet Memory Game — 48
　　人数／2人〜　　場所／教室
　　アクティビティができるタイミング／アルファベットの大文字と小文字がわかる

㉑ **3つのヒントで謎をとけ　Three Hint Game** ──────── 50
　🐰 人数／6人〜　　🐰 場所／教室・バス車内
　🐰 アクティビティができるタイミング／英語の単語をある程度知っている

㉒ **おしばいしてみよう　Let's Play Skit** ──────── 52
　🐰 人数／2人〜　　🐰 場所／教室
　🐰 アクティビティができるタイミング／おしばいで使う文章が言える

㉓ **好きなものチャンツ　Chants — "I Like"** ──────── 54
　🐰 人数／6人〜　　🐰 場所／教室
　🐰 アクティビティができるタイミング／I like 〜を使って自分の好きなものが言える

㉔ **英語で計算　Calculation Practice** ──────── 56
　🐰 人数／6人〜　　🐰 場所／教室
　🐰 アクティビティができるタイミング／数字と＋－×÷が、英語できいて理解できる。計算ができる

㉕ **単語をつくろう　Make a Word** ──────── 58
　🐰 人数／6人〜　　🐰 場所／教室
　🐰 アクティビティができるタイミング／アルファベットの小文字が読める。単語のつづりが少しわかる

㉖ **カタカナ単語を集めよう　Chants with Katakana English** ──────── 60
　🐰 人数／12人〜　　🐰 場所／教室
　🐰 アクティビティができるタイミング／カタカナ英語（外来語）がどんなものかわかる

㉗ **○×クイズ　True？or False？** ──────── 62
　🐰 人数／6人〜　　🐰 場所／教室・バス車内
　🐰 アクティビティができるタイミング／英語の勉強をはじめてからしばらくたっている

▷ **この本の使い方**

この本で紹介しているアクティビティは、だいたい 5 〜 10 分あれば楽しめるものばかりです。でもむずかしさや、必要なスペース、準備するものの有無など、少しずつ条件が異なります。そのときどきで、どのアクティビティをえらべばよいのか、えらぶときのポイントが、本の中にはちりばめられています。また、楽しくアクティビティをおこなうためのヒントや、もっと楽しむためのバリエーションなども紹介しています。ぜひ、いろいろ活用してみてください。

アクティビティの名まえ
日本語と英語、両方のせています。日本語と英語のタイトルをくらべてみてもおもしろいでしょう。

どんなアクティビティなのかな？
アクティビティの大まかな内容や、目的、効果などを説明しています。

使う表現
アクティビティをするときに使う英語の単語やフレーズなどを説明しています。
☆単語はすべて単数形にしてありますが、あつかう文章によっては複数形にして使います。

準備するもの
多くのアクティビティではとくに準備するものは必要ありませんが、絵やことばを書いた手作りのカードなどが必要になることがあります。

はじめる前に
アクティビティをじっさいにはじめる前に、場所や環境を整えたり、みんなで手順を確認したりすることが必要な場合があります。

ノックアウトじゃんけん
Knock Out Janken

英語のフレーズをおぼえながら、じゃんけんで勝ち負けを競うアクティビティです。チーム対抗なのでもりあがります。

☆10人 人数
☆教室 場所
タイミング　いろいろなスポーツの名まえが英語で言える

使う表現
Let's play 〜 （〜をしよう）
tennis（テニス）、baseball（野球）、
soccer（サッカー）、basketball（バスケットボール）、
table tennis（卓球）、volleyball（バレーボール）、
badminton（バドミントン）など

準備するもの　とくになし

はじめる前に
じゃんけんのやりかたをおぼえておこう。
Stone（グー）、Scissors（チョキ）、Paper（パー）

Stone, scissors, paper. One, two……　じゃんけん……
three !　three !　ポイ！
"three !" でポンと出す。

★**大人（指導者）の方へ**
▶コピー用紙のようなすべりにくく、めくりにくい紙でおこなうときは、カードを山てつむのではなく、広げてならべましょう（このばあいは、1回戦終わるごとにカード位置をシャッフルして、どこにどんなカードがあるかわからないようにしましょう）。
▶スピード勝負になると、発話がおざなりになることがあるので、早く、かつハッキ〔り言〕えたほうがポイントをとれるようにルールを決めましょう。

大人（指導者）の方へ
子どもたちをどう指導すればよいか、どう工夫すればよいかなど、アクティビティをうまくおこなうためのアドバイスが記載されています。

人数
アクティビティをするときの必要最低人数です。これより多い分にはまったくOK。

やってみよう！ Let's Try！
アクティビティのあそび方をプロセスごとに説明しています。わかりやすい絵と文章で説明しているので、低学年の子でも、みただけで理解できます。

やってみよう！ Let's Try！

1 4〜5人のチームに分かれる。2 チームごとに先頭の子がむかいあうようにして、たてにならぶ。

場所
教室・屋外・バス車内など、アクティビティをするときに適した場所。

2 ゲーム開始！先頭の子が前に進みでて、それぞれ好きなスポーツをいれて、「Let's play ～」と言いあう。

Let's play soccer.　　Let's play tennis.

Stone, scissors, paper……

3 英語でじゃんけんをする。

タイミング
アクティビティを楽しめる目安（たとえば、「1〜10 の数が英語で言える」など）。アクティビティのおおよその難易度がわかります。

4 負けた子は列のうしろにつく。勝った子はそのまま次の勝負へ。2 回つづけて勝ったら、チームに1ポイント。

★バリエーション　参加者の人数が多かったら……
チームの数をふやして、トーナメント戦にしてみましょう。学年でいっせいにおこない、クラス対抗などにしたら、もりあがります。

バリエーション
アクティビティをさらに楽しむためのバリエーションがあるときは、ここで紹介しています。

カラー・バスケット
Color Basket

レクリエーションでおおいにもりあがるアクティビティです。人数は多いほうが楽しいので、広いスペースでおこなえるといいですね。

☆人数：10人～

☆場所：☆体育館　☆屋外

☆タイミング：色の名まえが英語で言える

使う表現　red（赤）、green（みどり）、blue（青）、white（白）、yellow（黄色）、pink（ピンク）、black（黒）、orange（オレンジ）、purple（むらさき）、brown（茶色）など

準備するもの　短冊に切った色おりがみなど、色のわかる紙を数種類・イス

はじめる前に　人数より1つ少ないイスを円形にならべておく。

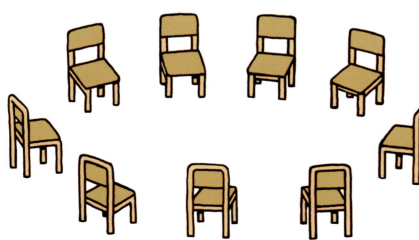

★バリエーション　英語の単語をいろいろおぼえてきたら、色ではなく、「フルーツ」や「動物」の名まえでおこなってみましょう。

やってみよう！ Let's Try!

1 参加者は1人1枚、色おりがみをとり、イスにすわる。オニを1人決めて、オニだけまんなかに立つ。

Yellow and green

2 オニは好きな色を2つ言う。
▶オニが指定した色の紙をもっている人→イスにすわったまま。
▶それ以外の色の紙をもっている人→イスを移動

※このとき、オニもあいているイスにすわる。イスにすわれなかった人が、次のオニになる。

★**全員移動**
Color basket

オニが「Color basket」と言ったら、全員立って、イスを移動する。

Color basket

大きい？小さい？でビンゴ！
Higher？Lower？

答えの数を推理してあてるアクティビティ。推理した数が答えより大きいか・小さいかのヒントをもらいながら、アクティビティを進めます。

人数	☆6人〜 
場所	☆教室
タイミング	最低でも21までの数が英語で言える

使う表現

higher（もっと大きい）、lower（もっと小さい）、
one 1、two 2、three 3、four 4、five 5、six 6、
seven 7、eight 8、nine 9、ten 10、eleven 11、twelve 12、thirteen 13、
fourteen 14、fifteen 15、sixteen 16、seventeen 17、eighteen 18、
nineteen 19、twenty 20、twenty-one 21……
thirty 30……、forty 40……、fifty 50……、sixty 60……、seventy 70……、
eighty 80……、ninety 90……、hundred 100

★知っている数字の範囲でおこなえばOK

準備するもの　とくになし

★やってみよう！ Let's Try！

1 先生は黒板を背にして立つ。子どもたちから代表を1人えらび、代表は決まった範囲（例：1〜21）から数字を1つ黒板に書く。または数字を書いた紙を用意する。

ノックアウトじゃんけん
Knock Out Janken

英語のフレーズをおぼえながら、じゃんけんで勝ち負けを競うアクティビティです。チーム対抗なのでもりあがります。

人数 ☆10人～

場所 ☆教室 ☆屋外

タイミング いろいろなスポーツの名まえが英語で言える

使う表現
Let's play ～ （～をしよう）
tennis（テニス）、baseball（野球）、
soccer（サッカー）、basketball（バスケットボール）、
table tennis（卓球）、volleyball（バレーボール）、
badminton（バドミントン） など

準備するもの とくになし

はじめる前に じゃんけんのやりかたをおぼえておこう。
Stone（グー）、Scissors（チョキ）、Paper（パー）

「Stone, scissors, paper. One, two……」
じゃんけん……

「three！」「three！」
ポイ！
"three！"でポンと出す。

★バリエーション 参加者の人数が多かったら……チームの数をふやして、トーナメント戦にしてみましょう。学年でいっせいにおこない、クラス対抗などにしたら、もりあがります。

フィンガー・リレー
Finger Relay

口のまわりの筋肉をきたえましょう！リズムよく何度も言うことで、すぐに指の名まえをおぼえられます。

人数 ☆10人〜

場所 ☆教室 ☆バス車内

タイミング 指の名まえをリズムにのって言える

使う表現
father（親指）、mother（人さし指）、brother（中指）、sister（くすり指）、baby（小指）

準備するもの
とくになし

はじめる前に
左手をひらき、右手の人さし指を使って、それぞれの指をさしながら名まえを言う練習をしておこう。

- Father
- Mother
- Brother
- Sister
- Baby

やってみよう！ Let's Try!

1 参加者は5〜8人のチームに分かれて1列にならぶ（チームは同じ人数になるようにしよう）。

2 先頭の子から、各指をおさえながら指の名まえを言っていく。言い終わったら、次の人へバトンタッチ。いちばん早くさいごの子までまわせたチームの勝ち。

★1つずつの単語をしっかり言えているかチェック！

★バリエーション

なれてきたら……
チームごと1列にならんだら、同じように先頭の子から "Father, mother ……" と言って次の子にまわしますが、次の子はそこで "Pardon?（なんですか？）" とききかえします。先頭の子がもう一度 "Father, mother ……" とくりかえしたら、次の子は "OK" と言って、3番目の子に "Father, mother ……" と伝えます。こうして、1回ずつ "Pardon?" とききかえしながら進めていきます。

先頭「Father…」→2番目
　　　　　　　　←2番目「Pardon?」
先頭「Father…」→2番目「OK」
　　　　　　　　2番目「Father…」→3番目
　　　　　　　　　　　　　　　　←3番目「Pardon?」
　　　　　　　　2番目「Father…」→3番目「OK」
　　　　　　　　　　　　　　　　3番目「Father…」→4番目
　　　　　　　　　　　　　　　　　　　　　　　　←4番目「Pardon?」
　　　　　　　　　　　　　　　　3番目「Father…」→4番目「OK」

相棒をさがそう！
Find Your Partner!

自分の相棒をさがしてみつけるアクティビティ。みんなが大好きなキャラクターたちを登場させて楽しみましょう。

人数	☆10人～
場所	☆教室
タイミング	Are you ～？を使ってやりとりができる

使う表現

Are you ～？（あなたは～ですか？）

Yes, I am.（はい、そうです）／ No, I'm not.（いいえ、ちがいます）

準備するもの

マンガやアニメ、物語などから、2人組のキャラクターを数種類えらんで、それぞれのカードのセットをつくる。

例： のび太とドラえもん
　　　さとしとピカチュウ
　　　ルパンと次元　　　　など

＊全員に1枚ずつカードがわたるよう、カードセットを用意する。

＊あまり組み合わせの種類が多いとペアになりづらいので注意。

気持ちを教えて
Happy, Sad, Angry?

会話の発端になる"How are you?"——答え方のバリエーションがぐんと広がるアクティビティです。

人数 ☆10人～

場所 ☆教室

タイミング "How are you?"を使ってやりとりができる

使う表現
How are you?（ごきげんいかが？）
I'm ～（わたしは～です）
happy（楽しい）、sad（悲しい）、angry（おこっている）、
hungry（おなかがすいた）、scary（こわい）、
sleepy（眠い）、tired（つかれた）、fine（よい）、
good（よい）、OK（よい）

準備するもの　とくになし

★やってみよう！ Let's Try!

1 参加者は全員輪になり、まんなかをむいて立つ。先生は気持ちをあらわすことばを3つ、黒板に書く。
＊いっしょに"How are you?"と書いてあげてもOK。

顔をたくさん集めよう
Collect Faces

会話をした相手の気持ちを絵であらわしながら、いろいろな形容詞をおぼえるアクティビティです。

人数	☆ 10人〜
場所	☆教室
タイミング	How are you? を使ってやりとりができる

使う表現
How are you?（ごきげんいかが？）
I'm 〜（わたしは〜です）
happy（楽しい）、sad（悲しい）、fine（よい）、good（よい）、OK（よい）、angry（おこっている）、sleepy（眠い）、tired（つかれた）、bored（つまらない）、sick（気持ち悪い）など

準備するもの
紙とえんぴつ（参加者それぞれの分）

はじめる前に
happy, sad, angry……など、使うことばと、それをあらわす顔の絵を黒板に書いておく。

★大人（指導者）の方へ

顔を紙にかくのに時間がかからないように、かんたんな絵を用意しましょう。絵をかくことではなく、インタビューをすることが目的なので、たくさん会話ができるようにしてください。

★ やってみよう！ Let's Try!

1 1人1人、紙とえんぴつをもって、教室の中を自由に歩いて、ペアをつくる。

How are you?　　I'm fine.

2 おたがい "How are you?" "I'm 〜" と、あいさつをかわす。

3 相手が言った気持ちをあらわす顔の絵を紙にかく。

4 かき終わったら、次の相手をさがして同じことをくりかえす。制限時間内に、いちばんたくさん顔がかけた人の勝ち。

お天気ゲーム
Weather Game

☆10人〜

人数

☆教室

場所

タイミング　天気をあらわす英単語がわかる

天気をすばやく言ったほうが勝ち！絵カードを使った、かんたんなアクティビティです。

 使う表現

How is the weather ?（どんな天気ですか？）
It's 〜（〜です）
sunny（晴れた）、rainy（雨の）、cloudy（くもりの）、windy（風が強い）、snowy（雪の）、foggy（霧の）

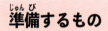 **準備するもの**

▷得点用のチップ
▷天気の絵と英単語をかいた、トランプくらいの大きさのカード（10枚＝1セット）を2セット分。
＊ふつうのトランプの表に絵をコピーした紙をはると、めくりやすく、使い勝手がよい。

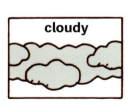

 ★大人（指導者）の方へ

▶コピー用紙のようなすべりにくく、めくりにくい紙でおこなうときは、カードを山にしてつむのではなく、広げてならべましょう（このばあいは、1回戦終わるごとにカードの位置をシャッフルして、どこにどんなカードがあるかわからないようにしましょう）。
▶スピード勝負になると、発話がおざなりになることがあるので、早く、かつハッキリ言えたほうがポイントをとれるようにルールを決めましょう。

★ やってみよう！ Let's Try! ★

1 机の上に絵カードを裏むきでつんだ山を1セットずつおく。めくったとき、相手側に上下さかさまにみえないようにおくとよい。

勝負をジャッジする人（審判）をおく。

2 参加者は2チームに分かれ、各チームから順に1人ずつ机の前に立つ。

3 審判が "How is the weather?" ときいたら、"One, two, three!" でそれぞれ目の前のカードを1枚めくって、カードの山の横におく。

How is the weather?

three!

4 相手がめくったカードを指しながら "It's cloudy" のように、カードにかかれている天気をこたえる。審判は早くこたえた子のチームに、チップを1枚あげる。

It's cloudy.

…… It's snowy.

★ 全員終わったとき、チップが多かったチームの勝ち。

はないちもんめ
We Want Pink!

日本の子どもたちにもおなじみの「はないちもんめ」。英語版は、服の色であそびます。

人数	☆10人〜
場所	☆教室　☆屋外
タイミング	We want 〜が言える／色をあらわす英単語がわかる

使う表現

We want 〜（〜がほしい）
pink（ピンク）、red（赤）、brown（茶色）、black（黒）、blue（青）、light blue（水色）、green（みどり）、yellow（黄色）、yellow-green（きみどり）、purple（むらさき）、white（白）など

準備するもの　とくになし

やってみよう！ Let's Try!

1 参加者は2チームに分かれ、相手チームから自分のチームにいれたい子の服の色を決める。
★チームは同じ人数にすること。人数があわないときは、先生に入ってもらう。

★**大人（指導者）の方へ**
同じ色の服を着た子が何人もいたら……
代表を1人決めて、じゃんけん。負けたら、代表1人が移動します。

ジェスチャーを読もう
Read Body Language

ジェスチャーを使うと、ぐんぐん英語が身につきます。高学年の英語活動でもりあがることまちがいなしのアクティビティです。

人数 ☆6人〜

場所 ☆教室

タイミング I have a 〜の文がつくれる

使う表現

I have a 〜（わたしは〜をもっています／かっています）

A（形容詞のグループ）
long（長い）、short（短い）、big（大きい）、small（小さい）

B（Aの形容詞で修飾できそうなモノ）
hair（髪）、pencil（えんぴつ）、ruler（じょうぎ）、bag（かばん）、ball（ボール）、dog（犬）など

＊I have a Aのことば＋Bのことば、で文をつくります。

準備するもの

Bのことばを絵にしたカード。

  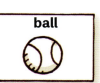

はじめる前に

基本のジェスチャーをおぼえる。

I	have a	big	bag.
自分の胸をさす	両手を胸の前であわせる	両手を大きく広げる	絵のカード、または実物をもつ

★bigのところに入るほかのことば（small, long, short）のジェスチャーをどうするか、みんなで決める。

★ やってみよう！Let's Try!

先攻　後攻

1 参加者を２つのチームに分けて、先攻チームと後攻チームを決める。各チームごとにジェスチャーする順番を決めておく。

I have a short pencil.

I have a a big bag.

2 全員がＡとＢのことばを組みあわせて、I have a 〜 の文をつくる。ジェスチャーをする人は、えらんだＢのことばのカードを準備（順番にジェスチャーをするので、同じカードを使いたい人が複数いてもOK）。

3 先攻チームからみんなの前でジェスチャーをする。チームの残りの人はジェスチャーを読みといて、文章をこたえる。正解が出たら１ポイント。次の人に交替して２分間くりかえす。時間がきたら、後攻チームにバトンタッチ。

I have a big bag.

bag

big

have a …

I

★２分間でたくさんこたえたチームの勝ち

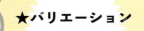

★バリエーション

なれてきたら……
色の形容詞もプラスしてみましょう。
例：I have a long black hair.
★色をいれるときは、あらかじめ黒板などに色紙をはっておき、ジェスチャーするときはその色紙を指さすといいでしょう。

とりかえっこしよう
Change the Card

I have ～や I want ～を使った文章をくりかえすことで、英語の文章が楽しくおぼえられるアクティビティです。

人数	☆10人～
場所	☆教室
タイミング	I have ～、I want ～の文章が言える

使う表現

I have a ＋～　もちものやペットなどをあらわすことば
（わたしは～をもっています／かっています）

I want a ＋～　ほしいものをあらわすことば
（わたしは～がほしいです）

Let's change．（とりかえよう）

準備するもの

もっているものやかっているペット、ほしいものなどをかいた、手札サイズの絵カードを人数分
（ぜんぶちがう絵ではなく、同じ絵カードがそれぞれ2～3枚あったほうがよい）

YESを5人みつけよう
Find 5 "Yes" Friends

相手の好みを予測しながら会話をして楽しむアクティビティ。予測があたるかどうかが、勝負のカギです。

 人数　☆6人〜

 場所　☆教室　☆屋外

 タイミング　"Do you like 〜"を使ってやりとりができる。ものの名まえの単語をある程度知っている

使う表現

Do you like 〜？（〜は好きですか？）
curry and rice（カレーライス）、
hamburger（ハンバーガー）、pasta（パスタ）、
riceball（おにぎり）、bread（パン）、cake（ケーキ）、
steak（ステーキ）、vegetables（野菜）、miso-soup（おみそしる）
※ほかに、果物やスポーツの名まえなど

準備するもの　とくになし

★やってみよう！ Let's Try!

1 スタートの合図で、教室の中を自由に歩きまわり、相手をみつけてじゃんけんする。

2 勝った子は負けた子に "Do you like ○○ ?" と、相手が YES とこたえそうな質問をする。

3 負けた子は正直に "Yes, I do" か "No, I don't" とこたえる。

4 1回やりとりが終わったら、また1からはじめる（なるべく相手はかえる。同じ相手になってしまったら、質問をかえること）。

5 さいしょに YES を5つ集めた人が勝ち！

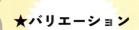

★バリエーション

▶NO を5人みつけよう──NO という答えを5つ集めます。NO という答えをひきだす質問を考えておこないましょう。

▶"Do you like 〜?" のかわりに、Yes ／ No でこたえられるべつの質問（例：Do you want 〜？／Do you have 〜？など）でおこなってみましょう。

好きなものを教えて
What Do You Like?

かんたんなチャンツ＊を使って、基本的なフレーズと単語をおぼえるアクティビティです。英語のリズムも身につきます。

人数 ☆2人〜

場所 ☆教室 ☆バス車内

タイミング 英語の短い文章のやりとりができる

☆チャンツって？／リズムにのって、ことばや文章をくりかえすこと。ことば・文章をおぼえるのにとても効果的な方法です。

使う表現

What do you like？（なにが好きですか？）
I like 〜（わたしは〜が好きです）
mathematics（算数）、English（英語）、music（音楽）、science（理科）、
Japanese（国語）、history（歴史）、P.E.（体育）、art and craft（図工）
ほかに食べ物や動物の名まえなど
★I like 〜 のあとにくることばは、参加者の年齢・学年にあったものにしましょう。

準備するもの

教科・食べ物・動物など、とりあげるジャンルのことばと絵をかいたカード

★やってみよう！ Let's Try！

1 参加者をAチームとBチームに分け、全員がむかいあうように立つ。★すわっておこなってもOK！

アルファベットでエクササイズ
Alphabet Exercise

アルファベットの小文字を使ったアクティビティ。小文字をおぼえるのにとても役立ちます。

 人数　 ☆10人～

 場所　 ☆教室

 タイミング　アルファベットを知っていれば、小文字が読めなくてもOK

| 使う表現 | a b c d e f g h I j k l m n o p q r s t u v w x y z |

| 準備するもの | 黒板にはる小文字の表（黒板に直接書いてもOK）
★Small, Tall, Tail のちがいがわかるように、4線上に書いてある小文字がよい。 |

Small letters a c e i m n o r s t u v w x z　　Tall letters b d f h k l　　Tail letters g j p q y

| はじめる前に | アルファベットの小文字を、形で3つに分け、それぞれのジェスチャーを決める。 |

Small letters / a, c, e, i, m, n, o, r, s, t, u, v, w, x, z
⇒イスにすわる

Tall letters / b, d, f, h, k, l
⇒立つ

Tail letters / g, j, p, q, y
⇒床にしゃがむ

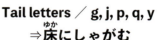

わたしはだれでしょう？
Who Am I?

頭の上にかかげたカードの絵をあてるアクティビティ。集中力をきたえます。

人数	☆ 8人〜
場所	☆ 教室
タイミング	I'm 〜が言える / カードの単語が読める

使う表現

I'm a 〜（わたしは〜です）
dog（犬）、snake（へび）、mouse（ねずみ）、dragon（りゅう）、rabbit（うさぎ）、tiger（とら）、pig（ぶた）、cow（うし）、sheep（ひつじ）、horse（うま）、bird（鳥）、monkey（さる）
など 同じジャンルのことばを10くらい

準備するもの

動物、アニメのキャラクターなど、同じジャンルのことばと絵をかいたカード8〜10種類

はじめる前に

ゲームに参加する人数分のカードをみて、どんなことばがあるかおぼえておこう（8人でおこなう場合は8枚）。

★やってみよう！ Let's Try!

★8〜10人のグループに分かれてグループごとにあそぶ

1 輪になってすわり、1人1人の前にカードをふせてくばる。カードの上が輪の内側になるようにおくと、めくったとき絵がみやすい。

★かけ声がかかるまで、カードはめくらない

2 One, two, three でいっせいにカードを頭の上にかかげる（表をみんなのほうにむける）。

3 ほかの人のカードをみて、自分のカードがなにか考える。

4 わかったら、手をあげる。いちばん早く手をあげた人がこたえて、あたっていたら3ポイント。2番目にあてた人は2ポイント、3番目は1ポイントゲット。

★バリエーション

参加人数が多くてグループがたくさんできるときは、グループ対抗戦にしてみましょう。
＊制限時間をもうけて（10秒くらい）そのあいだにわかった人はつぎつぎ手をあげさせましょう。制限時間がきたら答えあわせをして、答えがあたっていた人数分、グループのポイントにします。

できることじゃんけん
Yes, We Can！

基本の文章をくりかえすことで、しっかり身につきます。チーム対抗なので、もりあがることまちがいなし！

人数	☆6人〜
場所	☆教室　☆屋外
タイミング	I can 〜と動きをあらわすことばを組みあわせて文章が言える

使う表現

I can 〜（わたしは〜ができます）
clap（拍手する）、stomp（足ぶみする）、
whistle（口ぶえをふく）、wink（ウインクする）、
play kendama（けんだまをする）、play tennis（テニスをする）、
dance（ダンスする）、skip（スキップする）、
など、ジェスチャーしやすい動きをあらわすことば

準備するもの　とくになし

はじめる前に　黒板に I can clap. や I can stomp. など、動きをあらわすことばを数種類書き、それぞれのジェスチャーの練習をしておく。

clap　　　　stomp　　　　dance

★やってみよう！ Let's Try!

1 参加者は２チームに分かれ、むかいあって立つ（むかいあった相手チームの人とペアになる）。

2 ペアはそれぞれ自由に ”I can ～” と、ジェスチャーをつけながら言いあい、じゃんけんをする。

3 負けた人はその場ですわる。立っている人の多いチームに１ポイント。

4 次は、かたほうのチームが１人ずつ横にずれ、対戦相手をかえておこなう。１人ずつずれながらつづけ、相手チーム全員と対戦を終わったときにポイントの多いチームの勝ち。
★相手がかわったら、”I can ～” の内容もかえてみよう。

できることリレー
"I can" Relay

子どもたちが夢中になることまちがいなし！ タイムをはかって、スピードアップをねらうアクティビティです。

人数 ☆6人〜

場所 ☆教室 ☆バス車内

タイミング I can 〜を使った文章が言える

使う表現
I can 〜（わたしは〜ができる）
○○（クラスメイトの名まえ）can 〜（○○は〜ができる）、
swim（泳ぐ）、play kendama（けんだまをする）、
dance（おどる）、sing a song（歌をうたう）、
wink（ウインクする）、play the piano（ピアノをひく）、
whistle（口ぶえをふく）など

準備するもの ストップウォッチ

★**大人（指導者）の方へ**
タイムを気にして早口になりすぎ、文章がききとれないことがないように、しっかり発話するように指導しましょう。

やってみよう！ Let's Try!

★クラスの人数が多いときは、8人ぐらいずつのグループに分かれて記録を競うといいでしょう。

1 参加者は輪になってすわり、先生がさいしょに文章を言う人を決める。"Ready go！"で指定された人は、"I can 〜"を使って自分のできることを言う。
次の人は、前の人が言った文章の「I」をその人の名まえにかえてくりかえしたあと、自分ができることを"I can 〜"を使って言う。

2 これを順番にくりかえし、先生はストップウォッチで1周するのにかかる時間をはかる。何回かくりかえしたり、日をかえて挑戦したりするとよい。

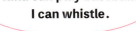
★バリエーション

なれてきたら……記憶力に挑戦！
自分の前の人全員分の文章をつなげて言ってみましょう。
例）"Kenta can swim. Yuko can dance. Riku can play baseball. I can whistle." さあ、何人までおぼえてつづけられるでしょう？

21になったら、退場
21 Is Out！

だれがアウトになるか、ギリギリまでわからない、とてもエキサイティングなアクティビティです。

人数 ☆6人〜

場所 ☆教室 ☆バス車内

タイミング 21まで英語で言える

使う表現
one 1、two 2、three 3、four 4、five 5、six 6、seven 7、eight 8、nine 9、ten 10、eleven 11、twelve 12、thirteen 13、fourteen 14、fifteen 15、sixteen 16、seventeen 17、eighteen 18、nineteen 19、twenty 20、twenty-one 21

準備するもの
とくになし

やってみよう！ Let's Try!

1 6～10人で1グループ。それぞれのグループで輪になり、1番の人を決めて、時計まわりにスタート。1～21の数字を順番に、1人3つまで、好きなだけ言っていく。

2 さいごに「21」と言わなければならなくなった人がアウト！
アウトになった人は輪からぬける。そして、アウトになった次の人からスタート。3回など、決めた回数をおこなったあと、輪に残っていた人は1ポイントゲット。

★バリエーション

T is out！
1～21の数字のかわりに、アルファベットを使います。たとえば、「Tを言った人がアウトになる」というように、どのアルファベットでアウトになるかを決めて、ゲームをおこないましょう。

どっちがいい？
Which One Do You Want?

おはじきを使ったかんたんなアクティビティです。チーム対抗なので、もりあがることまちがいなし！

人数	☆2人〜
場所	☆教室　☆バス車内
タイミング	Which one do you want ? と、I want this one. が言える

使う表現

Which one do you want ?
（どちらがほしいですか？）

I want this one.（こちらがほしいです）

Are you sure ?（ほんとうに？）▲

No doubt.（もちろん）▲

▲むずかしそうだったら、この2つは省いてOK

準備するもの　おはじきやチップなど（手の中にかくせるもの）

はじめる前に
会話を練習しておこう。
黒板などにセリフを書きだしておき、じっさいのジェスチャーをしながら練習してみよう。

★ やってみよう！ Let's Try! ★

◀ Aチーム

◀ Bチーム

1 参加者は A・B、2つのチームに分かれ、Aチーム全員が1枚ずつおはじきをもつ。その後、Bチームの人とペアをつくる。

2 Aチームの人はBチームの人にみえないように、どちらかの手でおはじきをにぎる。そして両方の手をにぎった状態で、Bチームの人の前にさしだす。

Which one do you want ?

Are you sure ?

I want this one.

No doubt .

3 会話をしながら、AはBに、左右どちらかえらばせる。

4 あてた人は1ポイントゲット。次は、AとBの役わりを交替しておこなう。時間がくるまでくりかえし、さいごにポイントを多くとったチームの勝ち。

アルファベット神経衰弱
Alphabet Memory Game

トランプゲームの神経衰弱のアルファベット版。どのチームがいちばんカードを集めるか競争します。

人数

☆12人〜

場所

☆教室

タイミング　アルファベットの大文字と小文字がわかる

使う表現	ABCDEFGHIJKLMNOPQ RSTUVWXYZ abcdefghijklmnopqr stuvwxyz
準備するもの	アルファベット　大文字と小文字のカード ＊A〜MまでN〜Zまでをそれぞれ1セットとして、4人ほどのグループに1セットずつ
はじめる前に	参加者を3〜4色のチームに分ける（赤組・白組・青組・黄組など）。 ＊アクティビティはこのチームの対抗戦になる。

●赤チーム　●白チーム　●青チーム　●黄チーム

★ やってみよう！ Let's Try!

1 4人程度のグループに分かれる（各色がぜんぶ入るように分かれること）

a〜m、または、n〜z の小文字のカード

2 グループごとに、大文字のカードと小文字のカードを、スペースを分けて、裏むきにならべる。1人ずつ順番に、大文字スペースから1枚、小文字スペースから1枚、カードをえらんでめくり、大文字と小文字があわせてあそぶ。

A〜M、または、N〜Z の大文字のカード

3 大文字と小文字があったら、カードをとって、もう1回。あわなかったら、カードを裏がえして、次の人へ。すべてのグループでカードをとりおわったら、色のチームごとに何セットとったか集計する。とったセット数がいちばん多かったチームの勝ち。

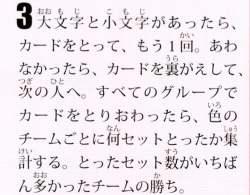

49

3つのヒントで謎をとけ
Three Hint Game

先生が出すヒント（単語やフレーズ）から、モノの名まえをあてるアクティビティ。推理力をきたえます。

人数 ☆6人〜

場所 ☆教室　☆バス車内

タイミング 英語の単語をある程度知っている

使う表現
☆ヒントを出しやすいことばをいくつか紹介します。
milk（牛乳）、lemon（レモン）など、食べ物の名まえ
bear（くま）、monkey（さる）など、動物の名まえ
soccer（サッカー）、tennis（テニス）など、スポーツの名まえ

準備するもの　答えとなるモノを絵にしたカード数種類

やってみよう！ Let's Try !

1 先生は絵カードの中から1枚えらび、そこにかかれているものについてヒントを1つずつ出していく（カードはみせない）。

2 参加者は先生がなにについて言っているのかわかったところで手をあげてこたえる。正解が出たら、先生はカードをみせて答えを確認する。
▶ 1つめのヒントでわかったら3ポイント
▶ 2つめのヒントでわかったら2ポイント
▶ 3つめのヒントでわかったら1ポイント

★大人（指導者）の方へ

・ヒントを出すときは、答えをしぼりにくいものからにしましょう。
（例：答えがmilkのばあい　white → drink → cow　答えがelephantのばあい　big → animal → long nose）
・ヒントで使うことばは、こどもたちの学年にあわせてかえてみましょう。

おしばいしてみよう
Let's Play Skit

相手の気持ちをききだして、それにあうものをプレゼントするというおしばいです。手ぶり・身ぶりをまじえてやってみましょう。

 人数 ☆2人〜

 場所 ☆教室

 タイミング おしばいで使う文章を使って自分の気持ちが言える

 使う表現

cold（寒い）、hot（暑い）、tired（つかれた）、hungry（おなかがすいた）、sleepy（ねむい）、sad（悲しい）、thirsty（のどがかわいた）、
I'm 〜（わたしは〜です）　Here you are.（はい、どうぞ）
Thank you.（ありがとう）
You are welcome.（どういたしまして）

準備するもの

それぞれの気持ちにあわせたプレゼントをかいた絵カード。
例：hot → うちわ、cold → セーター、tired → イス、hungry → おにぎり、sleepy → ふとん、sad → ハンカチ、thirsty → 水　など
★プレゼントは、みんなで話しあって決めましょう。

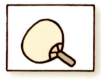

はじめる前に

おしばいで使うセリフを、黒板などに書いて、みんなで練習しておこう。
A&B ／ "Hi!"
A ／ "I'm 〜." （hot, cold, tired など、みんなで決めたことばから1つえらんで言う）
B ／ "OK. Here you are." （Aの答えにあった絵カードをさしだす）
A ／ "Oh, thank you."
B ／ "You are welcome."
A&B ／ "Bye."

少しだけ大げさにやってみよう。

好きなものチャンツ
Chants—"I Like"

4拍子のリズムにのって、グループごとに自分の好きなものを発表してみましょう。英語を使った発表になれるためのアクティビティです。

人数	☆6人〜
場所	☆教室
タイミング	I like 〜を使って自分の好きなものが言える

使う表現

I like 〜（〜が好きです）

◀食べ物▶

sushi（すし）、chocolate（チョコレート）、cake（ケーキ）、icecream（アイスクリーム）、pizza（ピザ）、spaghetti（スパゲティ）

◀季節のことがら▶

summer（夏）、fireworks（花火）、camping（キャンプをすること）、winter（冬）、skating（スケートをすること）、skiing（スキーをすること）、snow（雪）spring（春）、cherryblossom（さくら）、Doll Festival（ひなまつり）、fall（秋）、reading（読書）、Halloween（ハロウィン）

◀スポーツ▶

basketball（バスケットボール）、ballet（バレエ）、baseball（野球）、soccer（サッカー）、tennis（テニス）、table tennis（卓球）、など

☆あらかじめ、なにかジャンルを決めて、いろいろ単語を出しておくといいでしょう。

準備するもの カード（白紙）色えんぴつ　クレヨンなど。

やってみよう！ Let's Try!

1 先生が決めたジャンルの中で、1人1人、好きなものを考え、英語のことばと絵をカードにかく。

食べ物の中からえらんでみましょう。

I like sushi.
I like chocolate.
I like cake.
I like pizza.

2 数人ずつのグループに分かれて、グループごとに前に出て発表する。4拍のリズムにのって、1人ずつ自分がかいたカードをみせながら、好きなものを言っていく。

例）

	1拍	2拍	3拍	4拍
	I like	sushi	手拍子	手拍子
	I like	chocolate	手拍子	手拍子
	I like	cake	手拍子	手拍子
and	I like	pizza	手拍子	手拍子

★きいている人は手拍子しよう。

発表がおわったら、大きな拍手を！

★大人（指導者）の方へ

・子どもたちが好きなものを自由に発表できるように、サポートしましょう。言いたいけれどわからない単語があったら、辞書を使っていっしょに調べてもいいでしょう。
・グループ発表になれてきたら、1人づつ発表してもいいでしょう。1人で発表するときはジャンルに関係なく自分の好きなものを4つほど発表します。

英語で計算
Calculation Practice

たし算やひき算、かけ算、わり算を、英語を使っておこなってみましょう。かんたんな計算でも、英語でおこなうと強い集中力が必要です。

人数	☆6人〜
場所	☆教室
タイミング	数字と＋－×÷が、英語できいて理解できる計算ができる

使う表現

plus（＋）、minus（－）、times（×）、divided by（÷）、equals（＝）

one 1、two 2、three 3、four 4、five 5、six 6、seven 7、eight 8、nine 9、ten 10、

eleven 11、twelve 12、thirteen 13、fourteen 14、fifteen 15、sixteen 16、seventeen 17、eighteen 18、nineteen 19、twenty 20、

thirty 30、forty 40、fifty 50、sixty 60、seventy 70、eighty 80、ninety 90、hundred 100

準備するもの　とくになし

単語をつくろう
Make a Word

バラバラのアルファベットカードをならべかえて、単語をつくるアクティビティです。単語の習熟度にあわせて、内容をかえて楽しみましょう。

人数 ☆6人〜

場所 ☆教室

タイミング アルファベットの小文字が読める　単語のつづりが少しわかる

使う表現
a b c d e f g h I j k l m n o p q r s
t u v w x y z

準備するもの
▶アルファベットの小文字のカードのセットをグループの数だけ
＊母音（a,i,u,e,o）とよく使う子音（c,d,f,g,h,m,n,p,r,s,t）は、2〜3枚用意すると、いろいろな単語がつくれる。
▶初心者レベルのばあいは……
絵と単語のつづりがかかれたカード

penguin

rabbit

monkey

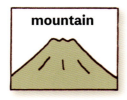
mountain

banana

apple

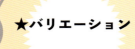
★バリエーション

★★中級バージョン
初心者バージョンになれてきたら、絵カードを使わず、先生が3文字の単語（例　dog　cat　bag　など）を口頭で伝えます。子どもたちは耳できいただけでアルファベットカードをならべ、単語をつくります。

★やってみよう！Let's Try！

★ 初心者バージョン／2～3人で1つのグループ

1 アルファベットカードをグループごと、ぜんぶ広げておく。
先生は絵カードを数枚、黒板などにはる。

2 先生が絵カードの中から1枚えらんで、その単語を言う。

3 グループごと、絵カードのつづりをみながら、アルファベットのカードをひろってならべる。できたら "Finish!" と言って、手をあげる。

★★★ 上級者バージョン／2～3人で1つのグループ

1 先生が単語のつづりをバラバラにして、黒板などにならべる。

2 グループごと、自分たちのアルファベットカードから、先生がならべたアルファベットをぬきだし、ならべかえて、正しいつづりの単語をつくる。
完成したら、"Finish!" と言って手をあげ、できた単語をみんなで読みあげる。

カタカナ単語を集めよう
Chants with Katakana English

わたしたちのまわりにたくさんある外来語を集めて、英語に直して発表しましょう。さあ、どれぐらいみつけられるでしょう？

 人数 ☆12人〜

場所 ☆教室

タイミング カタカナ英語（外来語）がどんなものかわかる

使う表現
banana（バナナ）、chocolate（チョコレート）、curry（カレー）、pajamas（パジャマ）、lion（ライオン）、Brazil（ブラジル）、T-shirt（Tシャツ）、skirt（スカート）、card（カード）など、みんなが知っている外来語

準備するもの
紙　色えんぴつ　クレヨンなど
リズム音源　（あれば）外来語辞典

外来語とは？
おもに西洋の国から入ってきて、日本でも使われるようになったことば。カタカナであらわされる。
例）ガラス、ケーキ、ジュース、トマト……

やってみよう！ Let's Try!

★このアクティビティは発表形式でおこなう。

1 まず、4人ほどのグループに分かれる。1人、2〜3コの外来語を考え、それぞれのカタカナか、絵、あるいは両方を紙にかく。

2 みんなの前で発表！グループごとに前へ出て1列にならび、リズムにのって順番に自分がかいた外来語を言っていく。

★大人（指導者）の方へ

ここでは、シンプルに英語由来の外来語だけとりあげていますが、和製英語（レンジ・コンセント・クーラー・ダンボール・キーホルダー・ガソリンスタンドなど、日本でうまれた英語っぽいことば）や、英語以外の言語由来の外来語（カステラ・アルバイトなど）をまぜたり、和製英語だけ集めたりして、アクティビティをおこなってもいいでしょう。

〇✕クイズ
True? or False?

習ったことのある文章を使ったかんたんなクイズ。文章に出てくることばがぜんぶわからなくても、前後の単語から意味を予測しましょう。

人数	☆6人〜
場所	☆教室　☆バス車内
タイミング	英語の勉強をはじめてからしばらくたっている

使う表現　can like have や、基本的な動詞、動物、色、場所、食べ物などの名詞

準備するもの　〇と✕をそれぞれ書いた紙（人数分）

やってみよう！ Let's Try!

参加者は○と×の紙をもち、先生が出したクイズに○か×の紙をあげてこたえる。さいごに正解がいちばん多かった人の勝ち。

The dog can swim.

正解！

クイズの例

① The elephant can jump.
② The dog can swim.
③ The horse likes carrots.
④ The turtle can run fast.
⑤ The penguin is a bird.
⑥ The koala can climb a tree.
⑦ Hokkaido has snow in winter.
⑧ The giraffe eats chicken.
⑨ New York is the capital of the United States of America.
⑩ Red and blue mixed together give us purple.
⑪ The fish can read a book.
⑫ The cat can say "A,B,C".
⑬ Japan has 4 seasons.
⑭ China is a small country.
⑮ The mouse is bigger than the lion.

★大人（指導者）の方へ

動物の特性と動作をあらわす単語がわかれば、can を使って文章がつくれます。
　　例）The cat ＋ can ＋ whistle.
子どもたちが質問文をつくってもいいでしょう。そのときは「挑戦してみよう」くらいの気持ちで、細かい文法は気にしないようにしましょう。

安江こずゑ
子どもの英語教育に長年携わった実績をもとに、現在は主に児童英語教育の指導者育成を手がける。小学校英語指導者認定協議会（J-SHINE）指導者育成トレーナー。前NPO教育支援協会北海道代表理事。全国放課後イングリッシュ統括責任者。

オーモリシンジ
書籍、雑誌等の挿絵や表紙イラスト、キャラクターやweb絵本などをメインに活動中。日本イラストレーター協会会員。

みんな英語が大好きになる
楽しい！英語でアクティビティ 中・高学年編

2018年3月10日　　第1版第1刷発行

著／安江こずゑ
絵／オーモリシンジ
デザイン・装丁／オーモリシンジ

発行者…玉越直人
発行所…ＷＡＶＥ出版
　　　　〒102-0074　東京都千代田区九段南 3-9-12
　　　　TEL 03-3261-3713　FAX 03-3261-3823
　　　　振替　00100-7-366376
　　　　E-mail : info@wave-publishers.co.jp
　　　　http://www.wave-publishers.co.jp

印刷・製本…図書印刷株式会社

©Kozue Yasue 2018　　Printed in Japan
NDC837,374　64p　28cm　ISBN978-4-86621-118-3

落丁・乱丁本は小社送料負担にてお取りかえいたします。
本書の一部、あるいは全部を無断で複写・複製することは、法律で認められた場合を除き、禁じられています。また、購入者以外の第三者によるデジタル化はいかなる場合でも一切認められませんので、ご注意ください。